1分钟
让你更出色

〔美〕斯宾塞·约翰逊 著　周晶 译

南海出版公司

新经典文化股份有限公司
www.readinglife.com
出　品

1分钟标志

　　一分钟标志是从腕表上读出的一分钟，意在让读者时时记得为自己停下一分钟，自我学习。

谨献给

最初的老师——我的父母

我的母亲——玛德琳·约翰逊　启发了我最初的智慧

我的父亲——J. O. 约翰逊　一直支持我自我学习

他们一直鼓励我不断学习

目 录
Contents

1 分钟老师

从前有个好学的青年。

他在一所离家很近的大学里读书，选了许多有趣的课程，也读了不少很好的书，还幸运地遇到了一些十分优秀的老师。

但他还是有些失望。

他总是觉得自己的学习还缺少些什么。虽然他说不清自己在寻找什么，但他知道自己寻找的东西非常重要。他希望找到一位与众不同的老师，帮助自己弥补学习中缺失的那一部分，并把他所需要的东西传授给他。

一天晚上，青年在读报的时候被一个有趣的标题吸引住了。这是一篇对"一分钟老师"的采访记录。

"有谁能在一分钟内成为老师呢？"他百思不得其解。

据他所知，要想成为一名很好的老师，一分钟是远远不够的。

他经常在报纸和杂志上看到老师的艰难，也经常听说老师被工作弄得筋疲力尽，为学生对学习的漠然态度和家长的不配合感到万分头疼。而且，似乎社会上的所有问题最后都会被怪罪到老师的头上。

但是，这样的报道读得越多，他就越想为这种问题找到一个有效的解决办法。

他很想知道这篇采访中的一分钟老师都说了些什么，于是继续往下看。

当记者问到她当老师的感受时，接受采访的老师坦白地承认："我曾经觉得人们对我的要求太高，我觉得自己忙忙碌碌，结果却得不到人们的认可。而且看着学生们进步得那么慢，我也非常着急，不知如何是好。

"但是现在情况完全改变了。我比从前更愉快，精力更充沛，我也高兴地看到我的学生们学得比从前更快、更好。"

"是什么原因导致了这些变化？"记者问。

一分钟老师回答："我过去一直在拼命教学生学习，所以觉得非常累。后来我开始教他们进行自我学习。"

当被问到为什么想到这样做时，她回答说一切都是从校长送给她的一本商务书籍《一分钟经理人》开始的。当时，校长鼓励她把一句谚语应用到教学中，她从前也听说过这句谚语："与其送给饥饿的人一条鱼，不如教他钓鱼，给他一世温饱。"

她接着说："老师要把自我学习的方法传授给学生。在实际生活中，我们要学习的很多东西其实都在课堂之外。我其实只教会了学生三个自学的技巧，每个技巧只用一分钟。没过几个月，我的学生们就变得比从前更加开心了。我们都对自己取得的成功兴奋不已。"

"虽然这些技巧不能满足我们所有的教学需要，但是它们对老师和学生都确实非常有帮助，而且事实证明，也很有效。"她说道。

青年对这位老师所说的自学技巧很感兴趣。

当他接着把这篇报道读下去的时候，不觉对她提出的基本的自学原则留下了深刻印象：

我们每个人

既是学生，又是老师。

当我们自学掌握需要学习的东西时，

就能发挥出自己的最佳水平。

记者问："怎么才能学会我们自己想学的东西呢？"

老师解释说，她借用了三个"一分钟"商务法则，先是自己尝试，后来又把它们推荐给了学生们。这些法则就是：1. 制定一分钟目标；2. 进行一分钟称赞；3. 完成一分钟矫正。

"开始的时候并不容易，"她说，"但是随着不断地练习，使用这些法则就会越来越容易，几乎成了我们的一种习惯。我首先用这三个简单的法则进行自我学习，当最初的尝试成功之后，我对生活和自己的教学工作都充满了热情和信心。这种感觉有很大的感染力，我的学生们很快就发现了我的变化，纷纷跑来问我的'秘密'是什么。于是我就教他们如何使用这三个简单的法则。"

青年一口气读完整篇报道，陷入了沉思。他想起自己的老师。他记得有些老师教得很投入，但是学生根本学不进去。还有一些老师干脆把知识硬敲进学生的脑袋，结果使学习变得毫无乐趣。

他很喜欢自我学习这个主意，而且想对这种方法了解更多。

第二天一大早，青年就拨通了一分钟老师所在学校的电话。她总是乐于接待好学的人。

青年对她说，自己正在寻找一些答案，而她很可能知道这些答案。

青年提到自己很想详细地了解一下一分钟法则。"它们会不会很难理解？"他问。

一分钟老师回答道："不，这些法则只是告诉你如何应用那些你已经知道，却时常忘记使用的有效方法。

"学会这三个法则的关键就是去应用它们。一旦发现它们给我们带来的好处，我们就会开始改变自己的生活，把它变得更美好。"

"那我应该从哪里开始呢？"青年问。

她的回答很简单："从你自己开始。"

她接着说："你可以通过观察正在发生的事情，来学到更多东西，这比我的说教有用得多。我下周要给一群孩子上课，教他们使用三个一分钟法则，你也来听听我们的课怎么样？"

PART 1

学生的 ┇ 分钟

1 分钟目标

青年安静地坐到了教室的后排。

"你们中谁会踢足球？"他听见一分钟老师问班上的学生。一些孩子举起了手。

"你们中有多少人射门得分过？"一些学生积极地做出了回应。"射门好玩儿吗？你们有什么感觉？"

一个学生回答："我觉得棒极了！"

"你为什么感觉棒极了？"老师问。

"因为我射中了。"学生回答。

"一点儿不错，"老师说，"你踢球是为了射门，一旦射中，你就会感觉很好。"

"还有谁能举一个和射门类似的目标？"她问。

一个学生迟疑着说："新年愿望算不算？"

"很好，"老师鼓励道，"那么，这里有谁实现了新年愿望呢？"

"我连一个星期都没坚持下来，"一个学生回答，"我新年的时候决定不再跟妹妹争吵，但是只坚持了一天。之后，我就忘记有这回事了。"

"怎样做才能记住自己的目标呢？"老师问道。

"我们可以把它写下来。"一个学生提议。

"对，"老师说，"这样你就可以时不时地抽出一分钟，把它重新读一遍，提醒自己去实现它。"

说着，她在黑板上写下了这样一句话：

我用一分钟重温我的计划，

看看自己想学些什么，

而且每天这样重复做几次。

"这就是一分钟目标设定。"她说。

"现在，你们每个人都用心好好想一想，什么能让你对自己感觉更好——也就是说你们想学会些什么。然后把这作为你的目标写下来。"

老师把学生们写的目标收上来，发现许多人的目标都大同小异：得到同伴的喜爱；在某个方面比较擅长并得到承认；得到快乐；喜欢自己。

"现在你们已经知道自己想要什么了，下面让我们换个方式来写这些目标，好帮助大家实现它们。"老师拿出了她的一分钟目标设定表。"注意，我们要根据这六个步骤写下自己的目标，就好像我们已经在实践它们一样"：

1. 我花时间安静地用心思考我想学会的东西。

2. 我用第一人称、现在时态把我的目标写下来。（例如，"我在课堂上更加注意听讲，现在我做作业的时候觉得容易多了。"）

3. 我把目标写得很简洁，好让我只用一分钟就可以把它重温一遍。

4. 我指定一个明确的时间来实现我的目标，而且明确地写出我想得到的结果。

5.在读到我的目标时，我能想象出当它实现时我会多么开心。我的感觉越真实，目标就越可能变成现实。

6.我检查自己的行为，看它们是否与我的目标相符。

一些好学的学生认真地记了笔记。其他学生却听得心不在焉。

老师说："一定要检查自己的行为。如果你的目标是交到新朋友，但你却每天和同样的人在一起吃午餐，而且和他们一起度过大部分时间，那么你的行为和你的目标相符吗？"

许多学生心想："我就是这样做的呀。"于是更多的人开始专心听讲了。

"好吧，现在有谁愿意把自己的一分钟目标说给全班同学听听？"老师问。

一个女孩虽然没有主动回答问题，但是却在心里暗暗思考着自己的目标："我的成绩越来越好。我正准备报考一个很好的大学。我觉得自己很聪明、很成功。我喜欢这种为自己而骄傲的感觉。"

另一个学生很乐于回答老师的问题，立刻站起来，大声朗读自己的目标："我早早做完作业，有足够的时间完成家务。我父亲因为我做的家务，给我增加了零花钱。我节省下这些钱，准备买一样特别的东西。我开心地为自己制定计划。"

"很好，"老师称赞道，"我几乎能感觉到你这样做的时候会有多么开心。"

"好了，现在我想让大家再拿出一张纸，分六个步骤写出你们的另外一个目标。"

学生们写好之后，她把纸收了上去。

有学生想听一个例子，所以老师把他们写的纸浏览了一遍，找到一个写得很好的，给大家读了起来。

"星期五，我在数学课上得了 B。我每天晚上都学习数学，对自己做小测验。我在课堂上认真听讲，而且积极提问，确保自己正确理解了老师讲的所有内容。我觉得很自由，而且很负责任。我为自己感到自豪。"

一个学生还是有些怀疑："这听起来挺好，但是它真的管用吗？"

"当然，"老师肯定地说，"只要你清楚地写下目标，而且经常拿出来读一读，'感觉'一下，就会发现这个方法多么有效。你的感觉越真切，就越有效。结果肯定会让你满意的。"

一个学生接口说："你的意思是让我一直想着你说的目标，我就会找到方法去实现它。"

"不，"老师微笑着说，"你要实现的是你自己的一分钟目标。"

学生们都笑了，他们觉得很高兴。一些学生已经看出，老师在教他们如何成为他们自己的老师。

一个男孩问："这样做为什么能够实现目标呢？"

老师解释道："你已经能够体会到自己在星期五的数学测验中得 B 时的自豪了。而每当你重读你的一分钟目标时，就会重温这种感觉，就像骑自行车一样。刚开始学骑车的时候，你必须全神贯注地保持平衡。而当你学会了骑车以后，保持平衡就成了你身体的一部分，不必在意就可以自然而然地做到。反复读目标，感受成功的喜悦也会成为你自己的一部分。渐渐地，实现你的目标就会变成你自然而然的行动。"

一个学生还是有些怀疑，大声说道："哦，当然啦。我只要学会一个简单的方法，然后生活里的一切就突然一下子变好了。这也太容易了吧！？"

"不是这样。"老师说。

"这样做并不容易。这种方法是很简单也很有效，但是要改变我们的意识和习惯却并不容易。

"学习方法当然简单，但关键在于把方法用于实践。只有当我们开始应用一分钟目标，我们才开始学习我们想要让自己学会的东西。之后，我们会感受到变化，最后能看到变化的实现。

"但只有你自己才能实现这一切。

"最重要的是让你自己在实现目标的过程中得到乐趣。我们只会努力去做那些自己喜欢做的事。"

青年坐在教室的后排，迅速地记着笔记。"当我可以进行自我教育的时候，学习就会变得更有趣。"

一个学生说："你说我们中有许多人写的目标都是拥有更多的朋友，或是得到人们的喜爱。我们怎么实现这个目标呢？"

老师反问道："你喜欢和什么样的孩子在一起？"

学生想了想，回答："我觉得我喜欢和喜欢我的人在一起。"全班爆发出一阵大笑，他自己也咧嘴笑了起来。

"很好，"老师大声说，"那么当别人喜欢你的时候，你会有什么感觉？"

"觉得自己很受欢迎。"几个学生抢着回答。

"我会自我感觉很好。我会真的很喜欢自己。"被提问的学生答道。

"是的，一点儿不错，"老师说，"好了，同学们，你们第一个喜欢的人，对你们最重要的人是谁？"

全班顿时沸腾起来。"我！"大家异口同声地答道。

"你们真是聪明极了，"老师微笑着说，"看得出，你们都非常喜欢自己。"听到老师的称赞，每个人似乎都很高兴。

"首先你要喜欢你自己，"老师继续说道，"这样其他人才更容易喜欢你。"

一个学生笑了起来。"但是如果我们不喜欢我们自己怎么办？"

"很遗憾，这种情况确实有时会发生。"老师回答。

"这时，你就需要学习自我学习的第二条法则——一个帮助你喜欢自己的秘诀。"

坐在后排的青年非常想知道第二个秘诀是什么。但他还是先把使用一分钟目标的要点总结了出来。

1分钟目标

只要我根据下面六个步骤写下自己的目标，就能学会自己想学的东西：

1. 我花时间安静地思考我想学的东西，然后确定我的目标。

2. 我用第一人称、现在时态把我的目标写下来，就好像我已经实现了它一样。（例如，我在数学考试里得了 B，很开心。）

3. 我把目标写得很简单，只用一分钟就可以读完。

4. 我把目标写得很明确，并设定一个实现目标的具体时间。（例如，我在这个星期二的英语考试里得了 B，很开心。）

5. 我在描述目标的时候使用一些表示自我感觉很好的词汇。（例如，我……很开心。）每当读到我的目标，我就能想象出实现目标时自己有多么愉快。

6. 我抽出一分钟，停下来，重温我的目标，检查自己的行为——看看自己的行为和目标是否相符。我每天都这样重复做几次。

1 分钟称赞

不久，一分钟老师打电话给青年，说她准备给学生介绍第二个一分钟法则了。第二天下午，他按时来到老师的班上。

"你们都学会了设定一分钟目标的方法，而且做得很好。现在，大家想不想学会第二个法则，用它来把你们想学的任何东西都教给自己？"

绝大多数学生都回答："想。"

老师简单地道出了第二个一分钟法则："一分钟称赞。"

"就是这样吗？"学生们感到惊讶极了。

"没错，"老师大声说，"用一分钟的时间发现自己做对了什么。"

"我们为什么要这样做？"

"因为告诉自己做对了什么，可以让我们拥有良好的自我感觉。埃里克，当你在足球场上自我感觉很好的时候，你会有什么表现？"

"我会踢得比往常更好。"他回答。

"当然，"老师说，"我们大家都是这样。"

"如果你在对自己感觉很好的时候去参加一个派对，你会有什么表现？"

一个女孩回答："我会很高兴地跟所有人聊天，而且开心地大笑。"

"但大多数人好像都在不停地给我们挑错，"另一个学生抱怨说，"这让我们怎么可能对自己有很好的感觉？"

老师同意他的说法："总是在指责我们犯错的不只是别人，也有我们自己。"

她向学生们提问道："举个例子，你们上一次发现自己做对了什么事是在什么时候？"

"为什么要等其他人来称赞我们呢？"她接着说，"既然我们觉得自己应该得到认可，为什么不拿出一分钟来好好称赞一下自己呢？我们大家都希望得到夸奖呀。"

"你们想不想听我说一个办法，用这个办法可以使大家更喜欢自己？"

一些好奇的学生急着让老师举个例子。

她想了想，说道："我每天都记得把自己的一分钟目标重温几遍，我觉得在这件事上自己做得很好。我在帮助我自己，我的生活态度更加积极了。我觉得自己对生活有了更多的掌控，我觉得自己的未来很有希望，而且非常高兴能够坚持自己的目标。"

一个学生问："你真的会因为读了自己的一分钟目标这样的小事而称赞自己吗？"

"当然，为什么不呢？我们可以用这个开始练习一分钟称赞。"

又有一个学生问："具体应该怎么使用一分钟称赞的方法呢？"

老师回答："问得好！你想知道明确的做法，就说明你想去实践它。继续保持这种积极的态度。"

"你刚才做的就是一分钟称赞，对吗？"刚才提问的学生说，"我觉得很高兴。"说完，他好像有些难为情。

"是的，"老师说，"实际上，这更像是十秒钟称赞。"全班都笑了起来。

"为了明确地回答你的问题，我准备了一个表。你们可以根据这上面的五项内容来称赞自己。"

1.我随时随地称赞自己。

2.一旦做对了某件事，我就告诉自己究竟哪里做对了，或者哪里基本做对了。

3.我告诉自己，做对了这件事让我多么开心，然后停下几秒钟，好好体会自己的成就感。

4. 我提醒自己，我是个很好的人。

5. 我鼓励自己保持好的行为，这样就可以再次获得开心的体会——对我的行为和我自己都感到满意。

一分钟老师建议道："或许你们现在就想花点儿时间尝试一下一分钟称赞。想一件你们做得很漂亮的事。"接着，她微笑着说，"我会给大家多几分钟的时间。"

学生们又一阵大笑。他们开始觉得这种方法很有趣了。

几分钟过后，老师请学生自愿地把自己的一分钟称赞读给大家听。

她看出大家都有些难为情，于是鼓励他们说，我们每天都会做一些值得称赞的事。她又很快地向他们保证，我们都有自我学习的权利，而一分钟称赞就是自我学习的一个好办法。

乔安妮从座位上站起来，开始读自己的一分钟称赞："今天莎拉忘了带午餐，我拿出自己的午餐和她分享。她觉得我很好。"

乔安妮坐下之后，其他的学生开始评论："她没有说这样做让她自己有什么感觉，而且她也没有鼓励自己继续这样做。"

老师望着学生们，说道："看看我们刚才做的事。我们对彼此都做了什么。"

她接着说："我们往往只看到别人做错了什么。"

学生们一开始并没理解她的意思，所以没人做声。过了一会儿，才有一个学生迟疑着说："我们在批评别人的时候，没有提到他们做对了什么。"

老师赞同地点了点头，说："我们太急着从乔安妮的一分钟称赞里挑错，甚至没有去注意她做对的部分。"

"现在，"老师一字一句地问，"还有谁愿意把自己的一分钟称赞读给我们听，然后听我们的批评？"

大家都笑了起来。他们知道，没有人会主动地站出来听别人批评自己。

老师说："大家都知道批评对我们有怎样的影响。我们会在心里暗暗地说：'不，谢谢了，我可不想听人批评。'当我们对自己过于严厉的时候，也会出现同样的情况。我们会因为畏惧失败而中途放弃，连一个实现目标的机会都不给自己，我们要做的就是发现自己做对了什么。我们每天都会做了一些很好的事情，却不懂得去发现这些小小的成就。"

突然间，一个学生明白了：

花一分钟去发现自己做得很好的事，

可以让自我学习变得更容易。

一个学生站起来说道："我看电视太多了。"人们总是很善于抓住自己的过失，想到这里，老师忍不住笑了。

　　"我从报纸上读到，"学生继续说，"大多数青少年在十八岁以前，一共要花一万八千小时看电视。这比我们花在学校的时间还多。我决定少看一些电视。这很困难，因为看电视已经成了我的习惯。你说我们可以不必等自己做得很好就使用一分钟称赞，可以举一个这样的例子吗？"

　　老师知道那个学生自己就可以做到，所以鼓励他尝试一下。

　　学生不确定地说："我已经决定少看电视。我对自己的决定感到高兴。因为我感觉很好，所以我已经开始觉得要少看些电视了。"话音刚落，一个学生拍起手来，其他人也都开玩笑似的跟着鼓掌。

　　青年看得出来，这些孩子对称赞自己还是有些不好意思，但觉得这样做很有趣。他们似乎很喜欢进行自我学习。

　　老师对那个学生说："你刚刚做了一件非常重要的事。你没有等到你完全不看电视之后，才称赞自己。你发现了自己正在做一件似乎正确的事——决定少看一些电视。"

　　"那么，如果我们没发现自己做了正确的事，"另一个学生说，"仍可以去发现一些似乎正确的事。"

　　"一点儿不错，"老师说，"让我们考虑另一种情况。比如你的朋友们都在抽大麻，而且有的时候你也不方便离开他们。你的一分钟目标是他们抽时,你不在场。那么你每一次避开他们抽大麻时,是不是都能用一分钟称赞一下自己呢?"

学生们不约而同地点了点头。

"你能对自己说些什么来帮助自己实现避开大麻的目标呢?现在想一个能够鼓励你坚持做下去的一分钟称赞,然后把它写下来。"

老师把学生们写的东西收上来,浏览了一遍,最后选出一份读给大家听:"我跟大麻一点儿关系都没有。我选择其他方式让自己兴奋。我觉得自己很健康,很安全,父母决不会在我房间里发现任何我不应该有的东西。我感到很自豪,我更喜欢自己,我觉得我的生活就掌握在自己手中。我希望自己能坚持这种健康的行为。"

接着,老师又描述了另外一种情形,这位主人公的一分钟目标是在历史考试中得到 B。她建议学生们帮助这位主人公想一个一分钟称赞。

一个学生写道:"我在历史考试中得到了 B。我实现了我的一分钟目标,我为自己感到自豪。我盼着把我的试卷拿给家里人看。我觉得自己很负责任,我为自己学到的东西感到高兴,我觉得自己很成功。"

"说得好极了,"老师说,"你记住了很关键的一点,那就是要成功地实现目标不仅需要重复这些称赞,更重要的是去切身感受自己的成功。"

接着，她又举了一个例子：一个学生在拼写方面不太在行，他给自己制定的一分钟目标就是在下一次拼写测验中得到七十五分。结果他只得了七十二分。

"那么他又能怎样称赞他自己呢？"老师问。

"我知道，"一个学生回答，"我得了七十二分。这比我从前的成绩好得多！我为自己的进步感到自豪。我知道下一次测验的时候我肯定能得到七十五分。我会继续为了七十五分的目标和下一次测验努力练习拼写。我对自己非常满意。"

"太棒了，"老师说，"练习一分钟称赞的时候一定要诚恳，不能把这当作玩笑，一定要对你自己诚恳。只有这样，你才会相信自己的话，才会觉得这些话很重要。你对自己的感觉越好，学习起来就越积极。"

老师刚说完没多久，几个学生就嚷嚷起来："我们发现自己正在做一件正确的事。"

"很好！"她说，"你们已经学会了自我学习的第二个方法。"

她接着说："发现自己做对了哪些事，就这么简单。"

接着，老师又建议学生们把自我称赞的五个要点记下来。

学生们高兴地拿出纸笔，开始记录一分钟称赞的五个步骤。

1分钟称赞

1. 我随时随地称赞自己。

2. 当我做对了某件事时，我会具体地告诉自己哪些地方做对了，或者哪些地方似乎做对了。

3. 我告诉自己，我对自己做对的事感到非常满意。我停下几秒，认真地体会自己的成功。

4. 我提醒自己，我是个很好的人。

5. 我鼓励自己要继续去做那些正确的事，因为我希望尽快再次获得那种好的感受——对我的行为和我自己都感到满意。

1分钟矫正

第二周的一个早上，青年约一分钟老师一起吃早饭。"我得承认，"他说，"你的学生比大部分同龄人更喜欢学习，而且表现也更积极。"

"你真幸运。"他又补充道。

老师回答："如果其他老师也学会使用一分钟教学方法，他们会发现自己和我一样'幸运'。"

"我并没有做什么，"她说，"是我的学生们自己教会了自己很多东西。"

上午晚些时候，青年又旁听了她的课，这堂课介绍的是自我学习的第三种方法。

老师说："我昨天一个人读书的时候发现，虽然我并没有说话，却也在交流。我知道你们中的一些人常常抱怨没法集中精神。大家还记得我们这个月的课堂目标吗？'与他人合作，跟自己竞争。'让我们检查一下自己的行为，看看是不是符合了目标的要求。"

几个学生大声回答："没有！"

另一个学生问："那当我们发现自己的行为与目标不符的时候，应该怎么做呢？"

老师回答："你可以运用自我学习的第三种方法，就是今天要介绍的——一分钟矫正。"

没等学生们举手提问，她就继续解释道："通常，当我们的行为不尽如人意时，我们中的大部分人要么对自己的负面行为视而不见，要么对自己感到失望，甚至气愤。这些反应都会阻碍我们实现自己的目标。

"要想纠正不正确的行为，我们就不能对它们视而不见。只有发现和承认它们，才有可能去使用第三种方法。"

一个学生问："一分钟矫正究竟指什么？"

老师回答："在橄榄球比赛中，如果一个人失了球，其他的人会怎么做？"

"重新找到球。"学生们异口同声地回答。

"一点儿不错。"老师说。

"我们怎么才能重新找到球呢？"一个男孩问。

还没等老师开口，一个坐在后排的女孩已经脱口而出："首先，我们得发现有人失了球。"

大家都笑了起来。老师说:"的确是这样。"

另一个学生又问:"当我们发现失球之后该怎么做呢?"

"使用一分钟矫正。"老师说。

"在前半分钟里,看看你做了什么,检查你自己的行为。在后半分钟里,审视你自己,好好夸奖自己。"

一个往常不太热心这门课的学生问道:"那么我们是先检讨自己的行为呢,还是先表扬自己?"

老师很高兴看到他也积极地参与到课堂讨论中来。"这个问题问得好。"她说。

"请大家看看教室前面的这张一分钟矫正表。你们会发现这几个步骤都很简单。同时,大家还要注意,这些步骤都是用第一人称、现在时态写出来的——就好像事情已经在进行一样。"

1.我一旦发现自己的行为与目标不符,就要告诉自己我究竟做错了什么,是什么阻碍了我学习自己想学的东西。

2.我停下来,安静几秒钟。

3.我安静地感受自己的失误。我觉得越不舒服,就越想改正它。

4.我让这种感觉深入到内心。我不喜欢这种感觉。

5.接着，我提醒自己，虽然自己眼下做得不好，但是我本身是好的，而且我一直都是个很好的人。

6.我调整自己的行为，对自己感到非常满意。我没有为自己的行为辩护，而且对自己非常诚实。

7.我选择那些有助于我进行自我学习的新的行为。当我选择了新的行为时，我的心情变得更好、更愉快了。

明白了一分钟矫正如何进行之后，一些学生请老师举一个例子看看。

"我来给你们打个比方吧，"老师说，"现代历史中，人类最伟大的成就之一就是登上月球。"

"二十世纪六十年代，肯尼迪总统说：'在七十年代到来之前，我们要让人类成功地登上月球，再安全地返回地面。'他说这话的时候，还没有成功登月的先例。"

一个学生接口道："这是个一分钟目标。"

"没错，"老师说，"这个目标陈述得非常清楚。总统对整个国家宣布了我们的目标。"

接着，她又说："现在我要问一问大家，你们觉得阿波罗号在飞往月球的过程中和准确着陆的时候有多少时间是在正确的轨道上运行的？"

一个学生回答："它当然一直在正确的轨道上，否则就不会准确着陆了。"

"不对，"老师说，"我们总是觉得成功的人一直都没有偏离过通往成功的轨道。我们以为那些实现了目标的人从来没有走过弯路。"

"实际上，"老师非常肯定地对全班学生说，"阿波罗火箭在全程百分之九十的时间里都是偏离轨道的。而且，如果刚刚离开地球就偏离轨道，那将意味着最后与月球会相差几百万英里。"

"可是，如果火箭真的偏离了轨道，"一个学生问，"那它们又是怎么把宇航员送上月球的呢？"

"人一直操纵着火箭的航向，"老师不慌不忙地解释道，"每当火箭稍稍偏离了轨道，操作员就会立刻矫正火箭的航向。"

"而那些成功、快乐的人也都是这样做的。"

她转身在黑板上写下这样一句话：

保持正确方向的最好办法，

就是不断审视自己的行为，

并且随时纠正小错误。

老师说:"现在让我们一起来看几个生活中的例子。我会向你们展示如何运用一分钟矫正,但我还需要你们的一些帮助。请大家每人拿出一张纸,在上面描述一个不好的行为,最好是你们常常想要改正的毛病。"

听老师这样说,学生们似乎有些不情愿。

于是,老师又提醒大家,交上来的纸不用署名,而且也没有必要长篇大论。

一分钟老师告诉大家,只要用简单的短语举出一些实际问题就可以了。她知道,用学生自身存在的问题来讲解这个方法,可以让他们学得更快、更好。

几分钟后,学生们把自己的纸都交了上去。一些学生很想听听一分钟矫正的例子,因为这可以帮助他们实现自己的目标。他们已经进入了学习的状态。

老师把学生们写的东西浏览了一遍,发现了一个共同的主题。在进入正题之前,她向全班指出许多人写的问题都很相近。

接着,她开始用具体例子向大家解释一分钟矫正的方法:"我们就以撒谎为例吧。"

下面就是她针对撒谎这个不好的行为,提出的一分钟矫正:

"我刚刚撒了谎。我昨天晚上抄袭了英语作业。我以为这是跟老师撒谎,但实际上是跟我自己撒谎。

"这让我觉得很难受。"

她顿了一顿。

"我没有像往常那样对这件事装糊涂，而是让这种很坏的感觉深入到心里。

"我的感觉越差，我学到的东西就越多。我不想撒谎。

"我最近的行为不太好，但我本身还是个很好的人。我比自己的谎言要好。我应该对自己感到满意。

"因为我是个很好的人，所以我选择多说实话。

"我知道自己下次会说实话，因此对自己的感觉也好了起来。

"我希望能很快再次得到这种好的感觉。"

一个学生说："我刚才给你计算了时间。"说着，他笑了起来，"你说这些连一分钟都没用完。"

老师和学生们都笑了起来。

他们没想到居然有人会为一分钟矫正计算时间，但这无疑更加肯定了老师的话。

"在运用一分钟目标、一分钟称赞和一分钟矫正的时候，"老师说道，"并不一定刚好要六十秒。"

"你可能只需要十几秒，也可能要用几分钟。

"我们说的'一分钟'是指一段比较短的时间。你给自己一段很短的时间，就可以得到很大的回报。

"关键在于我们每个人都能有效地利用这段很短的时间。"

老师和全班学生都觉得经常使用一分钟矫正的方法对他们大有好处。

和阿波罗计划里的科学家们一样，现在有许多学生都很想命中自己的目标。而且他们知道，自己已经学会了一种方法，可以在自己偏离轨道的时候，来及时调整方向。

"现在，我想让你们做两件事。第一，把一分钟矫正的步骤抄写下来；第二，找一个与你的目标不符的行为，写出你自己的一分钟矫正。"

学生们开始专心致志地抄写一分钟矫正的五个步骤。

1 分钟矫正

在使用一分钟矫正的时候，我要这样做：

在前半分钟里：

1. 及时发现我的行为里出现了哪些与目标不符的地方。

2. 具体告诉自己究竟错在哪里，是什么阻碍我进行自我学习。

3. 我用几秒钟时间，静静地感受自己的"失误"。我感觉越难受，就越想改正。

在后半分钟里：

4. 我提醒自己，虽然我现在有一些不好的行为，但我本身还是一个很好的人。我调整自己的行为，从而对自己感到满意。我没有为自己的行为辩护，而且对自己也没有撒谎。

5. 我自学想学的东西。我改变了自己的行为，重新步入正轨。

PART 2

老师的 ┋ 分钟

一分钟老师自己身体力行了她宣扬的一分钟方法。她运用一分钟目标、一分钟称赞和一分钟矫正进行自我学习。

一个星期六的早上，她很早就起床和丈夫一起吃早餐。吃完后她不打算和往常一样跟丈夫一起出去慢跑，而要回到床上读报。

她在手边准备了一些小卡片，每当发现想在这个星期里学的东西，就随手记下来。她常常问自己："我这个星期想学些什么东西呢？"

她拿起床边的咖啡壶，给自己重新倒了一杯咖啡，开始悠闲地读报。

她不时拿过卡片，在上面写下自己在这个星期学会的东西。

做完笔记之后，她微笑着在心里把自己称赞了一番。"我现在做起来更容易了。我学会了简单地问一问自己想学什么，然后放松等待答案自己出现。我真高兴自己想问题的时候不再那么吃力了，现在只要等答案自己来找我就可以了。我喜欢这种制定目标的方法，我觉得自己对生活有了更大的控制力。我对自己满意极了。"

一分钟老师想起自己从前读过的关于阿尔伯特·爱因斯坦的文章，他是世界上最善于解决问题的人之一。他也知道"苦思冥想根本得不到重要答案"的道理。他曾经说："答案是在你吃苹果的时候出现的。"想到这里，她笑了笑。这一回，答案是在她看报的时候出现的。

过了一会儿，她起身，穿好衣服，走出房间，来到院子里。她注意到孩子们还在睡觉。不幸的是，她看到厨房里乱成一团。

她想："光是看着这副烂摊子，想想还有那么多事情要做，我就觉得累。要是我和约翰吃完早饭以后用几分钟把东西收拾一下，厨房看起来就会好很多，我也会感觉舒服一些。我对自己真生气。"

她放下疲劳和生气的情绪，又继续想：

"如果我和别人一起马上把东西收拾干净，那我干起活来就会更容易，而且更有意思。下次我要记得用这种更好的办法。我应该好好对待自己。我很喜欢我自己。"

这时，她听到孩子们起床了，于是去和他们待在一起。当天晚上，她做了一些笔记，准备第二天在课上讨论。

1 分钟目标

　　这个星期一，一分钟老师应邀给其他老师们讲一讲她的一分钟教学法。

　　所有人在走进礼堂的时候都注意到了这样一个条幅——"没有尽善尽美的事"。他们很喜欢这句话。

　　青年很高兴自己受到了一分钟老师的邀请，他相信这个上午自己肯定能学到不少东西。

　　青年听到许多老师在观众席上互相交谈。

　　他们似乎都希望一分钟老师能给他们一个答案。

　　一分钟老师开始讲课，大家都安静下来，把注意力集中到她身上。

　　"我知道，你们都听说我有三个教学方法可以和大家分享。我首先要声明一点，我并不想装作自己万事皆通。我只是想谈谈我自己的一点儿经验，以及我从灰心失望到积极参与的过程。简单来说，就是我用来鼓励学生的一些方法。"

她继续说道："我跟你们中的许多人都提到过，我通过运用这三个简单的方法在个人生活和工作上都取得了进步和成功。这三个方法就是：第一，设定一分钟目标。第二，给自己一分钟称赞。第三，运用一分钟矫正。"

她告诉同行们，在解释这三个一分钟方法之前，她很想知道他们都有些什么迫切需要解决的问题。"今天的课是我们之间的讨论，"她说，"与我们的学生无关。"她问他们有什么自己想要做的事。

一位老师立刻回答："我们需要一个更好的方法来吸引学生听讲。"另一个人也说："我觉得自己没有得到应有的认可。我工作得非常努力，付出了许多心血，但是好像根本没有人注意到这一点。"又有一位老师接口说道："我就是觉得累，我已经厌倦了跟那些顶嘴的学生理论。"其他人也说："我们怎么应付那些上上下下的繁文缛节？""公众根本不看重我们的行业。"

一分钟老师承认他们提出的问题都很现实，因为她过去也被同样的问题困扰。接着，她又把听众们的注意力引到了成功开始的地方——我们的内心。她知道，我们可能没有足够的能力去改变他人，但是总能改变我们自己。

她转身在黑板上写下一句话：

///////////////// ⧗ /////////////////

我越是经常保持好的心态，

就过得越开心。

//////////////////////////////////

虽然一分钟老师知道许多人早就知道这个道理，但她觉得大部分人都忘记了把它付诸实践。

"我们习惯于关注自己周围发生的事情，"老师继续说道，"但是我建议大家静下心，认真地看一看我们内心发生了什么。"

"既然知道心态决定着我们的一天，那么就从这里开始吧。我们为自己设定的第一个一分钟目标就是愉快地过一天。请大家说说有哪些方法可以消除工作带来的压力，同时能获得内心的愉悦。"

一位老师有些疑惑："这是不是说，我们今天下午到这里来仅仅是为了我们自己？"

一分钟老师还没来得及说话，另一位老师就给出了答案：当你心情愉快的时候，工作起来会更有效率。

一分钟老师帮助她把这个想法写成一分钟目标："今天，我决定快乐地过一天，因为我的心情很好。我感到自己充满了活力，我觉得自己的状态非常好，我在讲课的时候感觉更好。我觉得非常愉快。"

一分钟老师解释说："虽然你们现在还没有这种感觉，但我们仍要这样来写我们的目标。"

她指出，老师们现在可能还没有能力改变整个教育体系，但是他们都可以改变自己。他们可以减少自己内心的压力。

"你们有没有注意到这个目标有什么特点？"一分钟老师指着

黑板问。

听众们开始七嘴八舌地回答。他们都注意到这个目标使用了第一人称、现在时态——就好像事情已经在进行一样。他们还发现，这个目标是围绕感觉展开描述的。

一分钟老师又请大家注意看一分钟表上的几个步骤。

一位老师问："必须按照这些步骤做吗？"

一分钟老师回答："通常来说，是的。因为你试过就知道，这样做效果最好。"

她接着补充道："我们必须想象自己实现目标之后的感觉，这是非常重要的。我们要'看到'自己愉快的样子，同时'感觉到'自己获得的力量。定期重温这个目标，这样可以帮助你专注于你的目标。"

有些听众想到了非常现实的问题。

"如果我们发现自己有了消极的想法，又该怎么办？"

一分钟老师回答："遇到这种情况时，我会采取一些具体的措施。我会停下来，安静地思考一会儿，然后把自己消极的言行转换成积极的言行。有时要做到这一点很困难。当我感到束手无策时，就会继续安静地倾听我的内心，直到找到能改变自己心态的方法。"

在座的一位老师知道，人们会受他人言语的影响，于是问道："要是有人说我们做得不对怎么办？比如，有人来跟我们说'这个办法根本行不通。'或者'你为什么不干脆放弃？这件事根本不可能。'"

一分钟老师马上指出，这正是心态的重要之处。我们如何看待别人所说的话，将决定我们如何做出反应。

"我们来想一个需要我们停下来思考、改变自己行为的例子吧。"

一位老师说："当一个学生扰乱课堂的时候……"

另一位老师打断了他的话："等一下！我觉得我们应该在自己身上找例子！"一分钟老师发现自己正在和一群很好的老师交流。

"我们已经习惯把自己想成学生的老师，"一分钟老师说道，"却忽视了一个重要的事实——我们首先是自己的老师。今天到这里就是来解决我们自己的问题，所以最好用一个和自己有关的事情做例子，这样对我们的帮助会更大一些。"

刚才那位老师马上又想出了一个新的例子："好吧。我节食三个月，但还是没有达到我的减肥目标。我想不通，而且很泄气，所以又开始使劲儿吃东西。现在，我的体重没有减少，反倒增加了。面对这样的情形，叫我怎么积极得起来？"

一分钟老师建议她从设定目标开始。这个目标应该既积极，又现实。于是她们一起拟出了下面这个一分钟目标：

"我体重一百二十五磅，正在用一种健康的方式减肥。我穿衣服很好看，每个星期至少锻炼三次，吃营养食品。我在善待自己。我感觉到了对自己的宠爱。我觉得自己很健康，而且很自信。"

一分钟老师建议道："你最好经常用心、用脑来重温你的目标。每次重温你的目标时，都要真切地去想象目标实现后的情形和你的感觉。然后检查你的行为是否与目标相符，仔细想象你的感受。所有这些都可以帮助你专注于你的一分钟目标。

"想象成功的情形和感受可以赶走你的迷惑和气馁，鼓励你继续为了实现目标而努力。新鲜、积极的心态会改变你的行为。而你只需要一分钟的时间就可以开始这样做。"

另一位老师说："我们中的许多人，也包括我自己，都会把很多学校的工作带到家里。我们能针对这个问题设定一个一分钟目标吗？"

其他人高兴地表示赞同。

"我想来试试，"一位坐在边上的老师说，"这个星期里，我每天都为自己和家人留出一些时间，我把个人活动跟学校事务分开。我对自己的生活进行规划，很好地处理了各种事务，而且在工作中也很有效率。我生活得更加愉快，我觉得很放松，也很成功。"

在他说出这个一分钟目标的时候，就已经决定改变自己的生活方式了，因为目标中描述的才是他想要的生活。

"那听起来不错，"一位女士站起来说道，"但是我回到家里，要做饭、要照顾我的孩子，还要花至少两个小时批改作业和备课。根本没有时间能剩下来留给我自己！"

一分钟老师知道这位女士说得不假，但还是提醒她，当我们对自己感觉很好的时候，与其他人的相处才会有效率。她建议大家针对这个问题制定一个一分钟目标。

大家最后一起制定出这样一个目标：

"我每天提早十五分钟起床，在一天开始的时候做我自己想做的事。我每个星期都盼望和孩子们在一起谈心，跟他们讨论如何营造一个安宁、幸福的家，我们每个人都有这样的责任。我正在减少一些不必要的作业，我常常问自己，我留给学生的书面作业是不是太多了。我的孩子们都能准时上床睡觉，我在晚上有足够多的时间独处或是跟其他人在一起。"

一分钟老师建议大家每天都给自己留出一定的娱乐时间，这样他们很快就会发现自己的自我感觉得到了很大的改善。"虽然这还没有成为现实，"一分钟老师说，"但是只要不断重温并一直关注这个目标，你就会看到事情的变化。"

在座的听众都开始思考个人快乐的种种好处。

一分钟老师问："你们有没有想过，你们本来就应当得到快乐？你们有没有发现，我们每个人实际上都应该对自己的快乐负责？"

另一位老师提议："我们再举一个关于一分钟目标的例子吧。"

一位男老师很积极地做出响应："我知道自己总是把太多时间浪费在担心上，我发现自己甚至会为那些我根本无法控制的事担心。"

"很不幸，"一分钟老师说，"我们很多人都会遇到这种情况。"

男老师请她针对这个问题设定一个一分钟目标，但她又把球传回了他的半场，鼓励他一起来思考这个目标。

一分钟老师提醒他，对事情没有必要过于苛求。"P.I.P.，"她指了指墙上的条幅，"没有尽善尽美的事（Perfect Isn't Possible）。"

男老师开始尝试设定他的一分钟目标："我每天积极地思考问题。我承认我的担忧对自己只有坏处，没有好处。担忧解决不了任何问题，却消耗了我大量的时间和精力。我每天坚持锻炼来缓解压力和担忧。我觉得自己很健康，有活力。我感到自由，而且充满创造力。"

一分钟老师又建议他："每当你为什么事担忧的时候，先问自己一个问题：'如果这件事真的发生了，我可能面临的最坏结果是什么？'我们中的大多数人都经历过各种各样的事情。所以，往往会发现自己完全能够应付'最坏的可能'。这样一想，我们甚至可能把担忧和恐惧变成对未知挑战的期待。"

其他老师也表示赞同，一位上年纪的老师笑着说："你们没有从好的事情里学到过宝贵的经验吗？或者你们只会从看起来不太好的遭遇里吸取教训？我不管遇到什么事，总是去看它好的一面。这可以让我保持心境平和。"

有人问："我们现在就感觉很好。怎么才能保持这种感觉，同时保持对目标的关注呢？"

"一个方法就是经常地重温你的目标，"一分钟老师回答，"另外，这也可以通过第二个一分钟方法来实现。那是我们下个星期要讨论的话题。在下次相聚之前，大家最好为自己设定一个一分钟目标，并且开始应用它。"

来听课的老师们都跃跃欲试，而且很期待下个星期学习第二个方法。他们开始思考一分钟目标将会以怎样不可思议的方式改变自己的日常生活。

1 分钟称赞

上一次来听课的老师们再次兴致勃勃地进入礼堂，青年也来了。所有人都对自己的一分钟目标更加乐观了。

一分钟老师的一个问题吸引了大家的注意力："你们中有多少人在心情愉快的时候，工作也会变得更加出色？"

老师们脸上的笑容就是答案。

一分钟老师感觉到了大家期待的心情。"上个星期有人问如何才能对目标保持专注，"她继续说道，"第二个方法，一分钟称赞，就可以帮助我们实现自己的目标。用这种方法，我们可以强化那些有助于实现一分钟目标的行为。而且我们也能通过这个方法让自己立刻获得很好的自我感觉！"

一位老师问："我们应该怎么做呢？"

一分钟老师指着一分钟称赞表说："我们用一小会儿时间发现

自己过去和现在做对了哪些事，或者基本做对了哪些事。然后，再告诉自己，我们对自己的行为有怎样的感受。

"接下来，我们要进行最困难的一件事：静下来，在自己的内心中体会正确的行为带给我们的感受。"

一些听众露出了微笑。一分钟老师知道，他们中有些人已经尝到称赞自己的乐趣了。

一位幽默的老师很快说道："我的优点太多了，我一直在等着什么人来发现和赞扬我的闪光点。你的意思是说，我自己就是那个人吗？"

其他人都笑了起来，因为他们也觉得自己有许多值得称赞的地方，只是过去没人提起罢了。青年草草地记下一条笔记——"我可以称赞我自己。"

一分钟老师指出，我们中有许多人都很善于在发现别人做对或基本做对了某件事的时候，给予适当的称赞。但是，当事情发生在自己身上的时候，我们就对它视而不见了。

一位老师问："如果我们决定不再等待别人来称赞我们，那么我们能为这个称赞自己吗？"

"当然可以。"一分钟老师回答。

那位老师看了看一分钟称赞表，把刚才的想法用一分钟称赞的形式表述了出来。

"我发现自己做对了一件事，所以我称赞自己。我有时为自己正在做的事感到很高兴，而且我对自己也很满意。"

其他老师开始纷纷思考自己做过哪些值得称赞的事。一分钟老师很高兴看到这么多人都开始明白……

////////////// ⧗ //////////////

我看看自己的目标，

再看看自己的行为。

当我发现，

自己做对了某件事时，

就用一分钟来称赞自己。

//////////////////////////////////

听众们都找到了进行一分钟称赞的正确感觉。一位老师告诉大家，他可以因为自己开始为假期存款而称赞自己。很长时间以来，他都想好好休个假，但是一直没有采取什么明确的行动。于是，上个星期，他为自己制定了一个目标，打算每月存一部分钱，为推迟了很久的假期做一些储备。但是他从没想过要为这个称赞自己。现在知道一分钟称赞可以帮助他实现目标，很想试试，但还是有些犹豫。

在一分钟老师的鼓励下，他终于开口了："我成功地把自己的生活变得更愉快。我正在顺利地为春假存款。每次想到能看到不同的风景，我就感到非常高兴。每当我想把这笔钱用到其他地方的时候，我就想象自己愉快地享受假期的情形，于是就不去动用这些钱了。"

他的发言给了其他人很大启发，一些老师也开始考虑怎样才能让自己的生活变得更快乐。为更快乐的生活做打算，这就是个不错的称赞自己的理由呀。

另一位老师说，她觉得自己的生活里充斥着太多的例行事务，让她常常感觉自己好像被困在某个特定的轨道里一样。她说自己的一分钟目标就是让生活变得更有趣一些。她决定每个月都给自己机会去尝试一种新的活动。

虽然她列出了一大串自己想尝试的事，但她觉得自己做什么其实并不重要。用新鲜有趣的活动打破日常的惯例才是最要紧的。

她很想把一分钟称赞用在自己身上。她知道这样做可以帮助她学会自己想学的东西。她这样说道："我每个月都在做一些新鲜、不同以往的事情，我很自豪能够带给自己快乐，我做出了一个明智的决定。我感到自己有了新的力量，充满了活力。我喜欢自己的生活，未来对我来说充满了希望。"

一分钟老师说："一分钟称赞鼓励我们去营造好心情，所以我在每个学期开始的时候都会不停地使用这种方法。这样我就可以把自己设定成被称赞的对象了。"

"你是怎么做的呢？"许多老师问。

一分钟老师回答："既然现在你们已经能够把这个方法很好地应用在自己的生活里，接下去我们就可以把它应用到教学中去了。

"我的一个目标是在新学年之初跟我的学生们熟悉起来，"一分钟老师继续说道，"我相信这样可以帮助我更好地满足每个学生的需要。所以每当新学年开始的时候，我就会用一些基本的步骤去熟悉我的学生。过去的实践已经证明这些步骤都很有效。这样一来，我就把自己设定成被称赞的对象，而接受称赞只不过是时间问题。"

一分钟老师接着说："我很喜欢去了解我的学生。在开学的第一个星期，我让他们在课上写一份简短的自我介绍。他们会写出所有想让别人知道的情况。我还让他们写出对未来课堂的希望。"

这时，听众中有人问："学生们愿意写吗？"

"当然，"一分钟老师回答，"这会拉近学生和老师之间的距离。他们不用等上几个月才能被老师认识。对学生们来说，这是一个很好的交流机会，他们可以在这个时候说一些想让你知道的事。"

许多老师都知道，学生更愿意用书面方式跟老师交流，而不是面对面地谈话。

"在课堂上与学生交谈的时候，我都会把自己想说明的要点与那个学生的兴趣结合起来。学生们或迟或早都会来跟我说，他们很欣赏我的做法。

"他们用自己的方式称赞我。"

在座的老师很喜欢"把自己设定成被称赞的对象"这个想法。他们知道，在教室里保持良好的自我感觉，可以鼓舞自己在课堂上做出更好的表现。

这时，后排有人说道："我以前从未想到这一点，但是现在我明白了，把自己设定为被称赞者的最佳途径就是称赞自己。这对我们自身是一种很大的鼓励。"

一位女士也积极发言，说她的一位女同事经常称赞她自己。当学校的师生士气低落的时候，她对大家产生了非常积极的影响。她的乐天态度和行为感染了许多同事，她用一些简单的方式把整个工作环境都变得健康活泼起来。一个微笑，一句简单的鼓励，一束从自家花园里采集的鲜花，所有这些都能营造出一种快乐的气氛。有的时候，她会在一周中的某一天请大家吃饭，同事们非常喜欢在下班之后这样聚一聚。

接着，她招呼坐在房间另一边的一位女士："朱蒂，你最近称赞过自己没有？"

大家都笑了起来。很快，房间里已经有不少人都意识到，自己应该更加经常地使用一分钟称赞的方法。

一分钟老师指出，一个人的积极态度会慢慢地扩散，从而影响到其他人。通过自我学习，我们也可以彼此帮助。

这个星期的作业就是让听讲的老师们每天分几次用一分钟时间，发现自己正在做哪些正确的事。

然后再对自己进行一分钟称赞。

1分钟矫正

不久，老师们又跟一分钟老师学习了第三个方法。

一分钟老师向老师们展示了一分钟矫正的几个步骤。

然后，她说："当我对实现目标产生疑虑和担心的时候，我就提醒自己要放弃那些在生活中行不通的做法。每当我发现自己偏离了目标，就立刻运用一分钟矫正让自己重回正轨。我用一分钟来告诉自己究竟做错了什么，告诉自己这样做带给了我怎样的感受，然后我就会调整我的行为。"

听众中有人问："你为什么要使用一分钟矫正？"

"用一分钟矫正，我可以很快地认识到我的消极行为是与我的目标不符的。这样的行为正在阻碍我得到想要的结果。而且，在使用一分钟矫正的时候，我总是很小心地把我的行为和我本人区分开来。首先，我懂得……"

/////////// ⧖ ///////////

当我看到自己"不好的"行为，

正在阻碍我学习时，

我会提醒自己：

我本人很好，

比我的行为要好。

改变"不好的"行为，

我就能重回正轨。

///////////////////////////////

一位老师问："你经常用一分钟矫正帮助自己发现和解决问题吗？"

"每当需要的时候，我就会使用它，"一分钟老师回答，"它可以帮助我实现自己的目标。就在今天早上，我还发现了一个使用一分钟矫正的机会。"

"那是怎么回事？"有人问道。

一分钟老师回答："在读晨报的时候，我又看到了关于老师和现行教育体制的批评报道。我觉得很生气，当时就想把责任推到别人身上。我责怪家长对自己的孩子漠不关心，学生不守纪律，有些老师水平太差。突然间，我停了下来。我意识到自己的想法太消极，我知道这对我实现保持平和心境的目标非常不利。于是，我开始进行一分钟矫正。"

一位老师担心地说："但你说的那些情况都是事实，我们已经受够了那些批评报道，这叫我们怎么能积极得起来？"

一分钟老师说："我告诉自己，如果人们没有意识到问题，就不可能去解决它。报纸提醒我们对那些大家都关心的问题保持关注，这是批评报道积极的一面。我宁愿从这个角度去看待它。"

一位老师看到表上"我调整自己的行为"这个步骤，希望一分钟老师能就此举个例子。

一分钟老师说："在调整行为的时候，试着让你自己去做一些具体的事。明确地指定一件事，让你自己可以通过做这件事来实现你想要的改变。例如，我想养成慢跑的习惯，而且给自己制定了时间表。第一个星期，一切进行得非常顺利。但是我注意到大多数去慢跑的人都比我跑得远、跑得快，这让我觉得很别扭，最终放弃了慢跑。但我还是很喜欢慢跑的，而且中途放弃甚至让我有一种负罪感。大家能不能用一分钟矫正的方法，帮我想个主意改变这种状况呢？"

一位有过类似经历的听众看着一分钟矫正表，说道："我停止了慢跑。我的行为跟我的目标不符，这让我有负罪感，而且对自己很不满意。我觉得压力很大，我不喜欢这些感觉。我又恢复了适合我的慢跑计划。我不需要和其他人进行比较，我慢跑是为了我自己，我喜欢现在慢跑的速度和距离。我觉得健康又自信，我的身体状态很好。我对自己也很满意。"

"说得好极了。"一分钟老师说。

青年觉得，进行一分钟矫正就是调整自身状态，去实现目标。他再次发现，一分钟教学体系的核心就是帮助我们学会如何尊重自己。我们对自己越尊重，学习起来就越轻松。我们只要简单地调整思维方式，就可以轻而易举地改变自己的行为方式。青年曾在书上读到，我们的大脑还不到三磅重，但其对信息的存储能力却超过了世界上所有图书馆的总和。既然人的大脑比计算机更为强大，那么它一定具有非凡的学习潜力。

想到这里，他匆匆地记下一些笔记："每天分几次用一分钟的时间矫正自己消极的行为，恢复良好的自我感觉，这样我和我自己就可以成为最好的朋友。"

一位老师站起来说道："以前我读过一篇文章，上面说良好的幽默感对我们的精神健康和解决问题的能力都有积极影响。我设定了一分钟目标来鼓励自己发现生活中富于幽默感的一面。虽然我觉得幽默感很重要，但我知道自己经常错过使用它的机会。"

"怎么才能用一分钟矫正的方法帮助自己实现目标呢？"她问。

一分钟老师说："谢谢你提醒我们，经常大笑是多么快乐、多么重要。现在，儿童发展专家们对幽默感也非常关注。甚至连医院都在使用大笑疗法。"

当在座的老师们意识到自己也在渐渐失去幽默感时，他们不约而同地写出了自己的一分钟矫正。

他们交流彼此的意见，一边讨论，一边哈哈大笑起来。

就连一些脾气最坏、最没精神的老师也开始恢复幽默感了。

等大家又针对几个其他的例子练习了一分钟矫正之后，一分钟老师感到礼堂里已经充满了活跃的气氛。

有位坐在后排的老师原来一直觉得教育体制很难改变，现在却高兴地发现改变自己还是比较容易的。他说："如果我们大家都改变了，那么整个体制恐怕也会随之改变。"

"一点儿不错，"一分钟老师说，"如果我觉得自己没有得到很好的照顾，或者感到自己的职业没有意思，那我就会在头脑中进行一分钟矫正。当然，我不是说我必须每时每刻都很开心。"

"我们很高兴听你这样说。"几位老师笑着说。

"可是，如果我们喜欢自己的工作，那么生活肯定会变得快乐很多。而且这样也可以帮助我们更加喜欢自己，更好的自我感觉又会促使我们在工作中有更出色的表现。

"我看现在是该结束讨论的时候了。感谢大家到这里来与我交流。我想，如果你们把这三个方法全都应用到实际生活中去，就一定会获得更大的个人成功和事业成就，生活也会变得更快乐，我自己就是个例子。"

离开礼堂的时候，来听课的老师们都觉得自己学到了不少东西。或许他们可以在教学生的同时，也教一教自己。

一直在旁边观察的青年也开始相信，通过使用一分钟目标、一分钟称赞和一分钟矫正，他一定能够学会自己想学的东西。

可是，他不明白的是，为什么这三个一分钟方法会如此有效。

PART 3

分钟方法为什么有效

1 分钟目标

　　青年很快就从运用一分钟方法中得到了很大乐趣。他回想了自己学到的所有东西。

　　他现在明白，设定一分钟目标鼓励他为自己的生活选定了方向，同时也让他承担起责任。在如今飞速发展的社会中，他希望能对自己的生活有更多的掌控。

　　他的个人目标和事业目标都非常积极和现实，但也具有一定的挑战性。他喜欢一分钟目标设定的最主要原因，就是这样做可以使他对成功有所预期，从而激励他去实现目标。每当青年重温自己的目标，想象成功的快乐时，他都觉得自己更有干劲儿了。

　　青年还记得，一分钟老师曾经说过，一分钟目标是我们自己的目标，它使我们摆脱了"我不得不做某事"的消极心态，代之以"我想要做某事"的积极心态。

对于有些情况，他很清楚一分钟目标是如何发挥作用的，但对其他一些情况，他就不太明白了。青年很想知道为什么这些一分钟方法会如此有效。

每天下课之后，一分钟老师都会到附近的花园里散步，安静地享受三十分钟的悠闲时光。这天，青年和她一起到花园散步。

他认真倾听着老师所说的话："我可以告诉你，通过学习和应用这些一分钟方法，我们老师和学生都感到生活变得更加愉快了。我想这是因为我们都学会了更加喜欢自己。"

"我们的整个学习过程从设定一分钟目标开始，"她继续说道，"这些目标是激励我们行动的手段，它们可以随时提醒我们自己想学些什么。"

青年想了想，他记起自己曾经读过心理学家亚伯拉罕·马斯洛的《需求层次》，这篇文章讲述了满足我们的最基本需求——做出成就、得到承认、发挥潜力——的重要性。

老师说："我们想好好地关心自己，而一分钟目标就可以帮助我们弄清自己真正想要的是什么。

"就像一位喜剧演员曾经说的那样，'你之所见，即你之所得。'这也是对自我实现的一个预言吧。"

青年边走边记下了这句话：

我在头脑中看到的，

就是我在现实中得到的。

"你还记得那个实验吗？"老师问道，"一群随机抽取的同年级学生被随机分成了两班。研究人员告诉老师，A 组的学生都高于平均水平，而 B 组的学生则全部低于平均水平。"

青年接口说："我知道那个实验。虽然参加实验的学生水平相近，但是老师总认为一个班的学生比另一个班的学生聪明，所以对他们区别对待。一个学年结束的时候，两班学生参加了统一考试，结果 A 组学生的成绩遥遥领先。"

"没错，"一分钟老师说，"一分钟目标设定了我们的预期。当我们对自己有较高而且现实的预期时，最后就会取得比较大的进步。而那些实现了目标的人则会获得一种自我实现的满足感，他们会变得更加好学。我见过很多这样的例子。"

老师讲了她的一位同事的故事。这位老师在教文学课的时候遇到了困难，因为他的学生单词量都很有限。于是，他就和学生们一起制定了一分钟目标来提高他们的单词量。他们开始时每个星期学两个新单词，一切进行得非常顺利，所以他们渐渐增加每个星期所学的单词数量，学生们也觉得给别人解释一个词很有趣。学期结束时，他们的单词量都得到了明显的提高。

"师生之间开诚布公地交流，这种气氛非常有利于教学。学生和老师可以互相印证各自的目标是否对彼此有帮助。"她说。

一分钟老师知道，学生有他们自己的想法、憧憬、目标和信念，其中有些对他们有好处，另一些则对他们没有好处。师生在一分钟目标上达成一致，可以帮助老师引导学生获得正确的思考，同时为他们提供参考意见。

她又给青年讲了一个例子。故事是说一位老师如何用设定一分钟目标的方法，帮助学生战胜对考试的恐惧。这位老师发现，他班上有些人考试不及格完全是因为受到恐惧和忧虑的影响。学生们告诉他，不可知和无法预测的试题让他们感到害怕，当然他们最怕的还是考试不及格。老师相信，如果让学生们明确地知道他们应该学会哪些知识，那么对考试的恐惧也会随之消失。

青年插口道："学生们确实应该被告知自己需要掌握哪些内容，考试不应该用花招戏弄学生，而应给学生机会展示他们都学会了什么。有趣的是，有些老师觉得，学生们都在考试中取得了好成绩并不是一件好事。他们害怕别人觉得自己给分太过宽松。"

"一点儿不错，"一分钟老师说，"但那种看法究竟对不对呢？大多数学生取得好成绩就能说明老师打分太松吗？或者只是说明学生们对教学目标有很明确的认识呢？当学生清楚地知道自己应该学会哪些知识，以及自己将以怎样的标准受到评价的时候，考试无疑会变得简单很多。"

青年记得一分钟老师说，她常常回顾自己的第一个目标：保持良好的心态。而且其他老师往往也以这个目标作为自我学习的开始。他问她这是为什么。

老师回答："研究表明，不好的心态和低水平的表现之间有非常紧密的联系。我们常常都会看到学生——包括我们自己——因为心态不好而得不到很好的成绩。我们感觉生活不尽如人意的时候，往往也是消极的心态在作祟。但心态是可以很快就被改变的。"

青年问："你有没有很难保持积极心态的时候？"

"当然有过，"她回答，"我还记得好几次这样的状况。就在上个星期，我看了一个电视专题片，名叫'父母是孩子最初的老师'。片中认为，父母制造的家庭环境对孩子在学校的表现有直接影响。你相信吗，专题片播放的第二天，我的班上就有百分之七十的家长没有参加家长、老师例会！我觉得很泄气，如果这些家长连一次会议都不愿意参加，那我又怎么能把他们的孩子教好呢？"

青年知道，不少老师都有同感。他还知道，消极的心态只能加重压力和担忧。

老师继续说道："这时，我想到我的一分钟目标：保持好的心态。我发现，自己可以把注意力集中在缺席的百分之七十的家长身上，也可以把全部心思放在努力挤出时间来参加会议的那百分之三十的家长身上。如何看待当时的情况完全由我自己决定。我问自己，究竟从哪个角度看更好。"

青年说："我现在知道，为什么这样做可以带给你力量了。"接着他又问："为什么我们必须要把一分钟目标写出来呢？"

老师解释说，把一分钟目标写出来之后，我们就可以用短短一分钟时间去重温它。这可以帮助我们更频繁地"看到"自己想要的东西，从而激励我们去努力地实现它。

她又说了一个例子，有一位老师在刚刚读过自己的一分钟目标之后，马上就开始批改试卷。在一张试卷上，他写错了分数，于是开始数卷子上减了多少分。这时，他突然意识到自己的行为跟保持积极心态的目标不符。最后，他把卷子上的总分由"－20"改成了"+80"，还在分数旁边写了一些积极鼓励的话，因为他知道简单的一个字也能给学生莫大的鼓励。

青年说："我听有人说，设定一分钟目标可以把问题防患于未然。这是怎么回事？"

一分钟老师说："的确是这样。一位同事不久前跟我说了他班里的情况。他是这个班的社会学老师。他和学生们一起制定了这样的一分钟目标——尊重那些与他们有不同见解和习俗的人的权利。这个目标对学生们课下的关系产生了很大的影响。在与来自其他民族的同学交流时，大家都很注意自己的行为是否与目标相符。他们不再互相起侮辱性的绰号了。"

青年想："当学生对自尊有了更深刻的理解之后，他们就会心甘情愿地花时间去理解和欣赏与自己不同的人了。"

想到这里，他问道："如果一个学生总是实现不了他的一分钟目标，那你又拿他怎么办？"

"这是个很重要的问题，"老师说，"有的时候，这种情况确实会发生。通常有两个解决办法，我们可能有必要回到目标制定的阶段。如果一个学生真的无法实现他原来的目标，我就会和他一起坐下来，重新制定目标；如果问题出在心态不好或缺乏适当的准备上，那么我们就会求助于一分钟矫正。"

青年在头脑中把一分钟目标发挥作用的各种方式融会贯通了起来。

他问道："你还记得第一次跟学生们分享你的一分钟目标时的情形吗？"

"当然，"老师回答，"那也是我第一次学会制定一分钟目标。当时我正在备课，我的侄子刚好来看我。他说：'我打赌，你教的那些孩子肯定很想看看你的备课本。'我想了想他说的话。多年以来，老师们一直在制定教学目标，但是我们却错误地以为学生们已经知道了这些目标。所以在制定一分钟目标的时候，最好不要假设任何东西。"

青年说道："你刚才说，表述明确的一分钟目标可以弥补老师和学生之间的鸿沟，特别是存在于老师和学生之间的理解差异。"

"一点儿不错，"老师说，"经过实践我们发现的确如此。在制定一分钟目标之前，我可能会让学生说一说他们自己在学习过程中负有怎样的责任，他们常常给我许多不同的答案。但是现在学生们已经很清楚地知道我们的教学目标了。"

青年想起刚刚还听过，在开始使用一分钟方法的时候，可以由老师制定目标，也可以由老师和学生一起制定目标。

渐渐地，学生要学会独立地制定他们自己的一分钟目标，并且从短期目标逐渐过渡到长期目标。

青年告诉老师，他的弟弟是名童子军，而且十分珍爱自己的童子军手册，因为就像他自己说的那样："手册里把样样事情都写得明明白白。"他非常清楚地知道要得到哪种奖章需要做哪些事情。而且他确实得了一大堆奖章。

老师说："我其实是用一分钟目标来结束每个学期的。"

"你说的结束是指什么？"青年问。

"在学期的最后一个星期里，我的学生会给我打分。"

"他们给你打分？"青年觉得很惊讶。

"没错，"老师说，"我根据他们的评分进行工作总结。当然评分的内容跟他们的考试题不一样，基本上包括从课程内容到课堂讲授的各个方面。我还给他们留出了一些写评语的地方，以备他们有什么想补充的。"

接着，她又笑着说："有的时候，我得到的评语非常好笑。"青年很羡慕她能这样轻松地自嘲。他希望自己也能像她那样。

不过，他打赌，在整个学期里一分钟老师肯定都一直在想最后接受学生评分的事。他问她如何处理那些评分卡片。

老师不假思索地回答："我从中学习。"

"我在这个学期如果有哪些弱点，"她说，"那么下个学期我就会制定一分钟目标去弥补它们，这样做可以让我在专业上不断进步。记得吗，我并不是完人，而且这很正常。"

"一旦接受了这个事实，我们就会在自己的成就之外，发现自己是个很有价值的人，"青年赞同地说，"这样我们就能称赞自己了。"

虽然青年还很想继续聊下去，但是老师知道刚才讨论的东西已经够他思考一阵了，于是约他下次再见。

1 分钟称赞

想到自己不久还会跟青年见面，向他解释为什么一分钟称赞如此有效，一分钟老师马上用一分钟把自己称赞了一番。这可以鼓励她继续这种积极的行为。

"父母们都知道，"她想，"家庭环境是孩子性格和心理发展过程中的一个核心因素，而且对孩子成年后的家庭生活具有非常深刻的影响。所以大多数父母都想在日常生活中以身作则来教育和影响子女。"她同样也想为自己的学生树立典范。现在，她班上的目标是："与他人合作，与自己竞争。"当老师检查自己的行为是否与目标相符的时候，她发现自己与其他同事也合作得很好，所以应该得到一分钟称赞。她用积极的方式和同事们交流想法、探讨共同关心的问题，与大家相处得非常愉快。

看到青年和自己打招呼的样子，老师一下子就看出他已经迫不及待要和自己讨论了。

"首先要记住一件事，"她说，"一分钟称赞必须是你应得的，一定要对你自己诚实，只有好的行为才能换来称赞。我们都想被人欣赏，而不是被人奉承。我之所以强调这一点，是因为只有诚心称赞才能达到应有的效果。无论是夸奖别人还是称赞自己，我们都应该持真诚的态度。"

青年知道虚假的称赞只是一种施舍，而且所有的人，尤其是孩子，能一眼看出自己得到的称赞是否出自真心。虚假的称赞不但会令人失望，还会制造出一种莫名的不信任感。

"学生们喜欢一分钟称赞，"老师又解释道，"是因为它非常具体实在。他们很清楚自己做对了什么或基本做对了什么，而且他们也知道自己完全没有必要等到一切达到完美之后再获得称赞。我们要常常提醒自己：'没有尽善尽美的事。'每当我们朝着自己的目标迈出了一小步，都应该得到一分钟称赞。这可以让我们专注于自己的目标，并鼓励我们继续努力下去。"

青年说："很多孩子对自己都没有正确的认识，造成这种结果的一部分责任就在于成年人。一分钟称赞可以解决这个问题吗？"

老师回答："我要说，一分钟称赞的最显著结果就是帮助我们建立自信。"

她接着解释道："我们知道，学习不好的主要原因是学生缺乏自信——而不是缺少某种能力。一分钟称赞可以让我们建立起自尊和自信，这一点对学生来讲尤其重要。

"进行一分钟称赞是个绝好的机会，可以用来赞赏我们自己和我们的行为，用一小会儿的时间来认可自己做对和基本做对的事。"

青年同意老师的说法。他知道，自己现在还在上学，缺乏自信很可能让自己的学习受到影响，使自己害怕进步和改变。

老师继续说道："当学习过程缺乏乐趣的时候，学生通常都不会很好地接受信息。所以，如果你想学习，就要选择一种愉快的氛围。遗憾的是，大多数课堂都做不到这一点。不过，一分钟称赞可以制造出一种成功的氛围，它会帮助学生建立自信。而且当我们知道自己无论犯什么错都没有关系时，学习过程中压力也会大大降低。我总是用积极的方式评价我的学生和他们的能力，学生的每次成功都能让我感到高兴。"

青年记得老师曾经说……

我们越是经常发现自己的优点，

就越是容易发现他人的优点。

青年看出，老师显然很喜欢把她自己视为一名造就未来人才的"工程师"。她给了学生他们想要的和需要的东西——在成功的氛围中学习。学生们有了更好的自我感觉，学习效果也自然得到了很大改善。

青年说："我们都需要不时得到称赞。我们作为个体的人，都有一个共同的需要，那就是得到关怀。"

"你说得对极了，"老师说，"如果我们想留住好老师，同时使教育行业当之无愧地得到社会的尊重，我们就应该开始诚恳地给老师们一分钟称赞。"

青年说："学生常常感觉根本没有人关心和理解他们，也没有人愿意倾听他们的意见。我相信老师们有时也会有同感。在我看来，不仅一分钟称赞，三个一分钟方法—— 一分钟目标、一分钟称赞和一分钟矫正——都向学生表明了我们的关心，我们关心他们的个人成长和未来。"

老师也表示赞同："我相信，经常给自己一分钟诚恳的称赞，最终一定会收到很好的效果。在学会使用这个方法之前，我常常发现我自己和我的学生做错这样那样的事。我还错误地以为，只要接受成功的事实就可以了，没有必要用语言去认可它的价值。现在，我已经懂得通过一分钟称赞来关注事物积极的一面了。"

她给青年讲了一个学生的经历。这个女孩缺乏自信，而且对基本概念掌握不好，在数学上遇到了很大困难。一分钟老师接手她所在的班之后，经常和她一起设定一分钟目标，进行一分钟称赞。在短短的一年内，这个女孩的数学成绩就达到了年级平均水平。她告诉老师，一分钟称赞对于那些想学习却又缺乏自信的学生非常有帮助。

"缺乏学习勇气使我们失去了很多学生，"老师说，"他们虽然坐在课堂里，但是内心已经完全放弃了学习。"

"我知道，那些缺乏自信又得不到称赞的孩子，在长大以后会变得既挑剔又暴躁，"青年接口道，"给学生肯定和赞赏可以让他们成长为健康的成年人。"

青年又问老师，她认为班级表扬和个人称赞是否具有同样的效果。

"有的时候是，"老师回答，"实际上，我对班级表扬一直非常谨慎。你总是会遇到一些认为这种表扬不作数的学生。"

"为什么？"青年问道，"难道他们不是班级的一分子吗？"

"这些学生会觉得其他人做得很好，而自己却一无是处，"老师回答，"他们认为班级表扬里并不包括他们，所以他们也就不接受这种表扬。"

"看来一分钟称赞可以激发和强化人们的独立意识，是这样吗？"青年问。

"我们发现这种效果在小孩子身上尤其明显，"老师说，"当一个小孩子在幼儿园学会识字时，他的父母会非常激动，他们会给亲戚朋友打电话诉说这个好消息，幼儿园的老师也会很高兴地夸奖这个孩子。所有这些都会鼓励孩子继续为他小小的进步而努力。当他从认字发展到读句子时，父母和老师又会大大夸奖他一番。但是，随着孩子渐渐长大，从前的夸奖就会被淡忘。就是从这个时候开始，我们错误地以为，只有等到一切完美之后才能得到称赞和给予称赞。"

　　"这个简单的例子展示了一个重要的事实，"青年说道，"在帮助自己进行学习的时候，我不但要朝着自己的目标努力，还要时时发现自己做对了什么或者基本上做对了什么。"

　　"你应该记住，成功者并不是天生的，"老师说，"如果我对自己的成就视而不见，那么最终我的表现就会下降，甚至完全停止进步，实现不了任何东西。"

　　"确实是这样。"青年想。

　　他说："我知道有不少学生都被问到过影响他们学习动力的因素，而排在各种因素之首的就是是否得到称赞和肯定，即使在他们并没有取得很好成绩的时候。"

　　"一点儿不错。"老师也很同意。

　　青年好奇地问："学生们还会提到哪些其他的因素呢？"

"他们觉得得到老师的关怀和尊重也是一个非常重要的因素，"老师回答，"此外，他们还提到是否受到特别的关注和接受特殊的任务等因素。"

　　青年说道："也就是说，学生们觉得积极的肯定可以对自己起到鼓励的作用。要使学生感到自豪，就必须在他们起步的时候给予鼓励。"

　　他突然发现，一分钟教学方法的好处就是它可以真正帮助学生肯定自己。

　　"没错，"老师说，"而且让他们感到自豪就是我们的最终目标。在学会为自己而骄傲之前，他们需要知道父母和老师都为他们而骄傲。"

　　青年说："我现在知道一分钟称赞如何满足我们一项最基本的人性需求了。而且当我们的这项需求得到满足的时候，老师和学生就会实现双赢。"

　　老师很同意他的说法："通过进行一分钟称赞，我们在课堂上的效率提高了。我们用一分钟称赞制造出一种积极的氛围，这种方法不但快捷，而且非常有效。"

　　青年很清楚，心理支持是学习中必不可少的。他说道："在我们学习的时候，一分钟称赞可以击倒我们的不自信和消极情绪。"

　　"而且它还能有效抵制情感虐待，"老师补充道，"情感虐待是一种实实在在的虐待。严厉的责骂会对孩子的精神产生非常严重的影响。"

青年想："当我们学会不要在情感上自我虐待，而是给自己一分钟称赞的时候，我们也会开始善待其他人了。"

现在，他又开始期待明天与老师的倾谈了。

1 分钟矫正

青年很盼望再和一分钟老师一起于花园散步，讨论问题。

他注意到老师每个星期都要留出四天来独自散步，所以他很珍惜与她共处的时间。在去和她会合的路上，他边走边思考着一分钟矫正。他突然想到，英文中的"纪律"源自拉丁文的"教育"一词。

"这很恰当，"他想，"一分钟矫正不就是在教我们发现阻碍我们学习的行为吗？"

他知道，学生需要得到有逻辑的系统指导。青年记得一分钟老师曾经说，虽然有些人很难接受这个事实，但是当一个老师能够花时间进行一分钟矫正的时候，学生们，包括她自己，都会得到一种安全感。

当青年走向老师的时候，突然又想起了在她的班级里看到的一张海报：

我知道，

我与我的行为并不是一回事。

只要是我觉得不好的行为，

我都可以去改变它。

因为我一直是个很好的人，

好的自我会助我一臂之力。

"你好，"老师跟青年打招呼，"你一直在想我们的一分钟方法有哪些好处，是吗？"

青年刚才想得太入神，现在有点儿不好意思，但他还是鼓起勇气说："我很想知道为什么一分钟矫正也那么有效。"

"这很容易，"老师说，"首先，动力来自自身，我们自己想要去改变我们的行为；第二，学会自律就可以随时发现是否偏离了自己的目标；第三，不管做错了什么，我们都没有放弃积极的自我形象，这样一来就会更有自信。我总是提醒自己，我这个人的好坏跟我现在的行为并不是一回事。"

青年觉得三个一分钟方法都具有这些好处。他发现，动力越是来自自身，充分发挥个人潜力的可能性就越大。

老师继续说道："在进行一分钟矫正的时候，应该把注意力集中在我们当前的行为上，因为这将影响到以后的行为。"

青年接口道："我听说，我们必须在刚刚做错事的时候就改正，否则对将来行为的帮助就不大了。"

老师微笑着刚要开口，青年就发现自己犯了个错误。"我知道你要说什么，"他说，"你想说，怎么才能把我刚才的话用积极的方式表述出来。"

"没错。"老师说。

青年说："我注意到，如果我在犯错的时候马上进行一分钟矫正，这对我以后的行为会有更大的帮助。"

"这就对了，"老师说，"如果能清楚、及时地得到关于自己表现的反馈信息，就可以很容易地在以后有更好的表现，一分钟矫正可以扫除疑虑。会随时发现自己究竟哪里做得不对，以及这样做会带来怎样的感受，告诉自己应该做些什么来改变这种状况。而且如果老师能及早出面指导学生的言行，逐个问题耐心解决，那么这个学生就会更愿意接受类似的反馈意见，因为这些意见对他实现目标非常有帮助。"

听到这里，青年说道："这就是说，一分钟矫正之所以有效，就是因为它虽然严格，但不失公平。它就是对自己的行为和想法进行一次简单明了却十分有益的检查。它只要求我们对自己的错误行为严肃检讨，而不是对自己过分责备。"

"正是这样，"老师说，"学生们很理解，也很赞成这种态度，只有约束好自己的行为，才能使自己做得更好。"

"因为我们自身的价值和尊严没有受到影响，"老师继续解释道，"就没有必要为自己的行为辩白。一个学生只要关心自己的行为是否与目标相符，以及自己究竟错在哪里就可以了。他会意识到这样做对自己没有好处，而现在就是一个调整自己行为的绝好时机。"

青年记得有一位曾在礼堂听讲的老师说过，一分钟矫正给了他和他的学生们很大帮助，让他们勇于从自己的错误中汲取经验。学生们喜欢一分钟矫正，因为这不是一种枯燥的说教，而且最多只需要一分钟时间。老师喜欢这个方法是因为它避免了矫枉过正，而过分执着于不犯一点儿错误正是我们每个人都会遇到的情况。

青年问老师，她是否也经常对自己进行一分钟矫正。

"需要的时候，我会这样做的，"老师回答，"因为这可以帮助我实现我的个人目标和事业目标。"

老师解释说，一分钟矫正不仅能帮我们实现自己的一分钟目标，还能让我们认识到，只有我们自己才能对自己的生活负责。"虽然有些学生一时不能理解这一点，但他们总会慢慢明白，"她说，"而他们也和我们一样，能从承担责任中得到乐趣。"

"我觉得，我们越早明白这个道理，对我们越有好处。"青年说。

老师继续说道："所以我们一定要在学校里教授这些观念，并且用一些特殊的方式让学生明白他们应该如何去做，这非常重要。"

青年真希望自己小时候能遇到这样一位老师。他又问，一分钟矫正是不是还教会我们另外一个道理：我们所有的情感，包括那些消极的情感，都不应该被隐藏或压抑？

老师指出，一分钟矫正不仅向我们说明犯错是人之常情，而且告诉我们对自己的错误——而不是我们自己——产生消极情绪同样是很自然的事。

"情感对人来说是非常重要的，"她说，"所以我们必须学会更好地对待它们。消极情绪并不能贬损我们自身的价值。"

青年说："我们都会犯错，都会遭受挫折。据我所知，如何面对错误才是最重要的。"

"一点儿不错，"老师说，"谁都不想在遇到挫折的时候落荒而逃。在我们学校里，学生对那些在生活中战胜挫折而取得成功的人非常感兴趣。有些学生甚至把研究这些人的事迹作为自己的一项爱好，我们也鼓励他们这样做。我的几个学生对一个人的成功故事格外着迷。"

青年很好奇地问这个人是谁。

"这个人曾经在竞选州立法委员的时候落败。后来，他进入商界，事业发展也不顺利。实际上，他光是还清合伙人的欠债，就用了 17 年。他不仅倾家荡产，精神也崩溃了。再后来，他又回到政界，结果在竞选议员的时候还是失败了。三年后，他再次参加议会竞选，但两年后没能继任。不久，他又成为副总统候选人之一……"

"但结果还是竹篮打水一场空。"青年猜测。

"是的，"老师继续讲下去，"但是他最后成了美国历史上最杰出的总统之一。他就是亚伯拉罕·林肯。"

青年真是惊讶极了。"这个故事不仅对学生有好处，"他说，"我们所有人听了都会受到鼓舞。"

老师微笑着说:"当然,因为我们都是学生。"

青年也笑了起来:"是呀,尤其是在我们教导自己的时候。"

老师觉得,其他人的成功故事不论对她,还是对她的学生来说,都是一种莫大的鼓舞。

青年说道:"似乎你的学生已经懂得障碍只能克服,不能回避的道理了。"

"这是个很有用的道理,"老师说,"我们在生活中都会遇到挫折,它本身就是生活的一部分。"

她又解释了一分钟矫正其他几个好处——要保持良好的自我感觉,关键在于理解这样一点:我们不会一直像我们现在的行为所表现的那样。而且如果运用得当,一分钟矫正还能避免那些使我们丧失自尊和自信的观念——尤其是那些被我们强加在自己身上的错误判断。

"学生们在彼此交谈的时候更注意自己谈话的方式和内容了,这很有意思,"老师说,"你会发现他们在关心其他人的感受时,也提高了他们自己。"

青年现在明白了人们是怎样开始接受自己行为的结果了。他说:"如果要让学生们在相处的时候对彼此负责,就必须让他们首先对他们自己负责。"

他很高兴自己想通了这个道理。

老师说："我们都知道，要成为一个有责任心的人并非一朝一夕就能实现。如果我们能够分不同的阶段，循序渐进地学习如何承担责任，就会容易很多。一分钟矫正可以帮助我们在每天的一件件小事中逐步学会承担责任。"

"当学生开始承担起一些满足自我需求的责任时，"她又补充道，"他们就学会了从自己内心寻找答案。他们也开始明白，他们的生活质量完全是由他们自己决定的。"

这一次的谈话之后，青年有许多东西要好好思考。他明白了三个简单的一分钟方法——一分钟目标、一分钟称赞和一分钟矫正——是如何帮助自己和他人争取成功、建立自信和得到平和心境的。

他从钱包里抽出一张卡片，把自己关于一分钟教学体系的笔记重温了一遍。

1 分钟老师的策略卡片

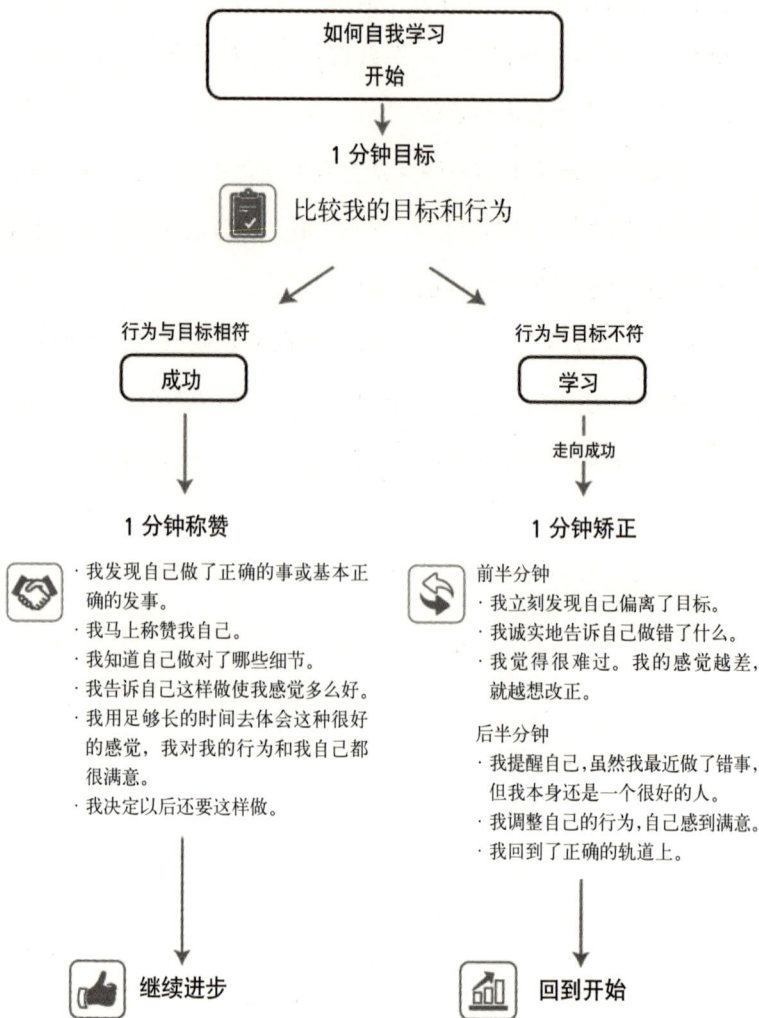

```
┌─────────────────────────┐
│      如何自我学习          │
│        开始               │
└─────────────────────────┘
```

1 分钟目标

比较我的目标和行为

行为与目标相符
```
┌──────────┐
│   成功    │
└──────────┘
```

行为与目标不符
```
┌──────────┐
│   学习    │
└──────────┘
```
走向成功

1 分钟称赞

· 我发现自己做了正确的事或基本正确的发事。
· 我马上称赞我自己。
· 我知道自己做对了哪些细节。
· 我告诉自己这样做使我感觉多么好。
· 我用足够长的时间去体会这种很好的感觉，我对我的行为和我自己都很满意。
· 我决定以后还要这样做。

继续进步

1 分钟矫正

前半分钟
· 我立刻发现自己偏离了目标。
· 我诚实地告诉自己做错了什么。
· 我觉得很难过。我的感觉越差，就越想改正。

后半分钟
· 我提醒自己，虽然我最近做了错事，但我本身还是一个很好的人。
· 我调整自己的行为，自己感到满意。
· 我回到了正确的轨道上。

回到开始

给自己和他人的礼物

青年感谢老师跟自己谈了这么久。他很庆幸学到了一分钟方法。现在生活对他打开了一扇新的门。

几个月后，青年回想这段时间的经历，觉得对自己的行为已经有了很强的掌控力，他对自己非常满意，他很大程度上改变了自己的生活。

青年的学习、成长和改变，将他引向了一种更为充实的生活，而其中最棒的就是他已经学会了自我学习。

他现在已经能创造自己的生活了。

他不觉想起苏格拉底的一句话：教育是一个自发的过程。

现在，青年觉得学习是在实践和体验中进行的，而不是坐在学校里就能实现的。

他真正学到的是如何关怀自己和周围的人。

现在，青年对老师的看法也改变了。他想："老师是种植思想和培育想象的人。他们是树人之人！"

当然，他也找到了自己想要的东西———一个自我学习的方法。

在一分钟老师的指点下，他还找到了那个能给他指点的理想老师，也就是他自己。

他想到自己的未来。

一分钟老师已经在事业上做得非常出色了，现在她正在花时间让自己的生活变得更愉快，更有效率。

同时，她也鼓励自己的学生去改进他们自己的生活。她感觉非常自豪，因为她的学生都生活得很积极、健康。她很清楚，当我们对自己感觉很好的时候，一切都会发生奇妙的变化，就好像被施了魔法一样。她的学生将有更充足的准备去应对当前复杂多变的社会，并在其中贡献自己的一份力量。她成功地帮助她的学生为明天的挑战做好了准备，她尽到了自己的职责。多年以后，他们会心怀感激地想起老师的名字，因为她曾经对他们的生活产生了如此积极和深远的影响。

一天，老师在教员休息室听到了一个新来的同事在垂头丧气地抱怨。同事的话在她听来非常熟悉："我备课的时候一坐就是几个小时，但我常常觉得自己简直是在浪费时间。肯定有什么地方不对头，好多学生看样子根本就不想学习。怎么没有人开一门课，讲讲'如何让学生对学习有热情'呢？"

第二天，这位新同事找到一分钟老师。

"你好，"他轻声打了招呼，"可以聊聊吗？校长说你有办法让学生们对学习感兴趣。"

"我很愿意跟你聊天，"一分钟老师说，"但我有一个简单的要求……

///////////// ⌛ /////////////

请把这个办法和别人分享。

////////////////////////////////

致谢

我希望在这里感谢:

参加填写问卷的管理者、老师、学生和其他人,感谢他们与我们分享自己的经验:

杰瑞·伊夫林、托马斯·戈登博士、麦勒迪·詹朵尔、丹·詹朵尔博士、埃里克·延森、海伦·普莱斯、帕特里克·V.罗斯、沃尔特·斯克兰顿、桃乐茜·塞劳、维罗妮卡·威尔奇博士和帕特丽夏·威兰·林奇。

感谢《一分钟经理人》的著者之一——肯·布兰佳博士,帮助我为本书确定构架和风格。

感谢我的编辑派特·高比兹为本书挑选重点。

感谢简·L.约翰逊博士和休·约翰逊博士为我提供了大量的帮助。

感谢艾尔莫·T.莱格对我的信任和支持。

感谢玛格丽特·麦克布莱德帮助我处理文本工作。

感谢"一分钟矫正"的创意者——杰拉尔德·纳尔逊，就行为与价值的区别为我提供意见。

感谢圣地亚哥市区中学校长托马斯·佩赞特博士和圣地亚哥郊区中学校长杰拉尔德·罗森德博士为我提供建议。

感谢卡尔·罗杰斯博士教会我让学生通过自我学习建立自信。

感谢肯德拉·罗森德编辑本书。

感谢罗恩·左拉茨和莱斯莉·考恩斯帮助我完成手稿。

感谢乔丽·玛德林对我的关心。

图书在版编目 (CIP) 数据

1分钟让你更出色 / (美) 斯宾塞·约翰逊著；周晶
译. —— 2版. —— 海口：南海出版公司，2017.11
　ISBN 978-7-5442-5745-9

　Ⅰ. ① 1… Ⅱ. ①斯… ②周… Ⅲ. ①学习方法 Ⅳ.
① G442

中国版本图书馆 CIP 数据核字 (2017) 第 201942 号

著作权合同登记号　图字：30-2017-077

THE ONE MINUTE TEACHER: How to Teach Others to Teach Themselves
by Spencer Johnson, M.D.
Copyright © 1986 by Spencer Johnson, M.D.
Published by arrangement with Margret McBride Agency, Inc.
Simplified Chinese translation copyright © 2017
by ThinKingdom Media Group Ltd.
ALL RIGHTS RESERVED

1分钟让你更出色
〔美〕斯宾塞·约翰逊 著
周晶 译

出　　版　南海出版公司　(0898)66568511
　　　　　海口市海秀中路51号星华大厦五楼　邮编 570206
发　　行　新经典发行有限公司
　　　　　电话(010)68423599　邮箱 editor@readinglife.com
经　　销　新华书店

责任编辑　侯晓琼
特邀编辑　薛茹月
装帧设计　朱　琳
内文制作　王春雪

印　　刷　北京中科印刷有限公司
开　　本　890毫米×1240毫米　1/32
印　　张　3.5
字　　数　40千
版　　次　2017年11月第1版
印　　次　2017年11月第1次印刷
书　　号　ISBN 978-7-5442-5745-9
定　　价　35.00元